सुख़न सराय

सुख़न सराय

मुनव्वर राना

वाणी प्रकाशन

वाणी प्रकाशन

4695, 21-ए, दरियागंज, नयी दिल्ली 110 002

शाखा

अशोक राजपथ, पटना 800 004

फोन: +91 11 23273167 फैक्स: +91 11 23275710

www.vaniprakashan.in
vaniprakashan@gmail.com

SUKHAN SARAI
by Munawwar Rana

ISBN : 978-93-5072-169-8
Ghazals

प्रथम संस्करण

मूल्य : ₹ 225

ओम ऑफ़सेट, दिल्ली-110093 में मुद्रित

वाणी प्रकाशन का लोगो मक़बूल फ़िदा हुसेन की कूची से

इन्तिसाब

जनाब

उपेन्द्र राय

(एडिटर ऐंड डायरेक्टर, सहारा न्यूज़ नेटवर्क)

के नाम

जो मुझे छोटे भाई की तरह अज़ीज़ हैं

जिनकी शालीनता और ख़ाकसारी पर मुझे

हमेशा रश्क होता है

ख़ाक जब ख़ाकसार लगती है।

किस क़दर बा विक़ार लगती है।। (बशीर बद्र)

मुनव्वर राना

मुनव्वर राना कौन हैं?

आरोप लगता है कि मुनव्वर राना माँ, बहन, भाई, बेटी और बीवी जैसे विषयों पर शायरी कह कर बड़ी मासूमियत से पाठकों को वो दुनिया दिखाते हैं जो हमारे आस-पास है परन्तु हम जिसे देखते ही नहीं।

सदियों से शायरी रुपहला पहलू ओढ़े है जिसका पर्दा उठने पर हाथ कुछ लगता नहीं परन्तु मुनव्वर राना की शायरी पारिवारिक रिश्तों जिन रिश्तों को कभी-कभी कबीर भी झूठ कहते रहे हैं इसके विपरीत मुनव्वर राना इन्हीं पारिवारिक रिश्तों को मार्मिक अभिव्यक्ति दे कर समाज को एकता व पारिवारिक रिश्तों को एक विशिष्ट मुकाम तक पहुँचाते हैं। मुनव्वर ने ग़ज़लों में नये-नये तजुर्बे किये हैं और ग़ज़ल की लम्बी परम्परा ने लम्बी राहों पर मील के पत्थर स्थापित किये हैं। उनकी ग़ज़लों में जमालियानी तेवर ही नहीं है बल्कि तेजतर्रार ताने भी हैं।

अब कोई तन्कीद करता है तो करने दे उसे।
बेज़मीरी देख! मुझको लाल बत्ती मिल गयी।।

मुनव्वर राना अपनी ग़ज़लों में मुरव्वतों की रेशमी भाषा के साथ-साथ पथरीली जमीनें भी परोसते हैं, जो हमें झिंझोड़ती है और सोचने को मजबूर करती है–

इस पेड़ से किसी को शिकायत न थी मगर
यह पेड़ सिर्फ़ बीच में आने से कट गया।

फकीरी और क़लन्दरी के प्रयोग से शायर में उदारता आती है मुनव्वर की रग-रग में फकीरी है और दिल से वे क़लन्दर हैं–

हमको मालूम है शोहरत की बलन्दी, हमने
क़ब्र की मिट्टी का देखा है बराबर होना

खैर, अब मुनव्वर राना 'बाबा' हो चुके हैं। उनके जीवन का छन्द उस परमतत्व को प्राप्त कर चुका है जहाँ पर मीर-ग़ालिब अपने-अपने कलाम से पहुँचे थे। आधुनिक

समय के सर्वोच्च शायर हैं मुनव्वर राना।

मुनव्वर राना राष्ट्रीय, अन्तरराष्ट्रीय स्तर पर जाना पहचाना नाम है। वे जहाँ अपनी शायरी में समाज के ज्वलन्त मुद्दे उठाते हैं, वहीं दूसरी ओर पारिवारिक सम्बन्धों को भी अति मार्मिकता से वर्णित करते हैं। मुनव्वर राना ख्याति के सर्वोच्च शिखर होने के बावजूद भी शरीफ आदमी की तरह दोस्तों को फलता फूलता और अदबी उफ़क़ पर जगमगाते हुए देखकर खुश होते हैं। मुनव्वर राना के प्रशंसक मशहूर शायर राग़िब ककरालवी ने जज़्बात यूँ बयान किए हैं—

एक तहज़ीबी अलमदार मुनव्वर राना
एक तमद्दुन का तलबगार मुनव्वर राना
नेक खू और खुश अफ़कार मुनव्वर राना
खुश तबाऊ, साहिबे किरदार मुनव्वर राना
जाने कितनों का मददगार मुनव्वर राना
जाने कितनों का है ग़मख़्वार मुनव्वर राना
बात हुबुल वतनी की अगर आ जाए कहीं
तो लुटा सकता है घर-बार मुनव्वर राना
अपने पुरखों की तरह अपने बुज़ुर्गों की तरह
देस का तू है वफ़ादार मुनव्वर राना
तेरे असलूब, तेरी फ़िक्र, तेरी काविश के
जाने कितने हैं परस्तार मुनव्वर राना
ऐसे अशआर को मुँह चाहिए गुस्ताख़ी मुआफ़
जैसे कहता है ये अशआर मुनव्वर राना

अरुण माहेश्वरी

9 जून 2012

फ़ेहरिस्त

दुनिया की हवस दिल से मेरे दूर हुई है।
तब जा के फ़क़ीरी मेरी मशहूर हुई है।।

अब कोई सियासत की सियाही न उलट दे।
वैसे मेरी ताईद तो भरपूर हुई है।।

यादें कई बचपन की जुड़ी रहती थीं इससे।
शीशे की ये गुड़िया जो अभी चूर हुई है।।

मटके में कई साल उसे सड़ना पड़ा है।
तब जा के कहीं दुख़्तरे अंगूर हुई है।।

हैरत है कि तुम कैसे चले आये यहाँ पर।
सच्चाई तो दरबार में माजूर हुई है।।

इन हाथों को शमशीर बनाना पड़ा मुझको।
तब जा के गुज़ारिश मेरी मंज़ूर हुई है।।

सभी अहबाब ग़ायब हो गये बेकार होते ही।
अयादत करने वाले उठ गये बीमार होते ही।।

हवेली की पुरानी रौनक़ें तो लौट आयी हैं।
मगर वह दबदबा जाता रहा बाज़ार होते ही।।

तुम अपने सामने हर एक को छोटा समझते हो।
तुम्हें क्या हो गया यह साहिबे दस्तार होते ही।।

मैं कच्ची नींद से जागा था दुनिया की मुहब्बत में।
यह ज़ालिम सो गयी लेकिन मेरे बेदार होते ही।।

ख़ुदा ने जब ये आँखें दी हैं उसको देखिए लेकिन।
चली जाती है अकसर रौशनी दीदार होते ही।।

कीड़े तमाम रिश्तों के शर्बत में आ गये।
जब से ख़राब लोग हुकूमत में आ गये।।

फिर कैसे कोई मेरे लिए जाँ पे खेलता।
इमदाद करने वाले मुसीबत में आ गये।।

फ़िरऔन के मिज़ाज से वाक़िफ़ नहीं थे लोग।
अच्छा हुआ कि आप रऊनत में आ गये।।

भँवरे ने रस को पी लिया खुशबू चली गयी।
धब्बे तमाम फूलों की क़िस्मत में आ गये।।

हम दोस्ती में टूट के मिलते हैं देख ले।
बैठे थे जिस तरह उसी हालत में आ गये।

मिट्टी यहाँ की छूते ही कहते हैं आज भी।
जन्नत के रहने वाले थे जन्नत में आ गये।।

कैसा ज़मीर, कैसी अना, कैसा बाँकपन।
हम ताजिराने इल्म थे आढ़त में आ गये।।

भूले से खो दिया जो किसी मोड़ पर हमें।
फिर ढूँढ़ते फिरोगे मियाँ उम्र भर हमें।।

ऐ शहर! कुछ दिनों के लिए गाँव भेज दे।
याद आ रहा है टूटा हुआ अपना घर हमें।।

गोशा नशीनी! आज तेरा इम्तिहान है।
दुनिया बुला रही है सरे रहगुज़र हमें।।

अपने मरज़ के बारे में सब जानते हैं हम।
झूठी तसल्लियाँ न दे अब चारागर हमें।।

दो दिन कि चार दिन कि बरस दस बरस तलक।
करना है ज़िन्दगी बता कितना सफ़र हमें।।

दुनिया से कैसे आँख मिलायेगी दोस्ती।
लूटा गया है सिर्फ़ तेरे नाम पर हमें।।

मसर्रतों के ख़ज़ाने ही कम निकलते हैं।
किसी भी सीने को खोलो तो ग़म निकलते हैं।।

हमारे जिस्म के अन्दर की झील सूख गयी।
इसीलिए तो अब आँसू भी कम निकलते हैं।।

यह कर्बला की ज़मीं है इसे सलाम करो।
यहाँ ज़मीन से पत्थर भी नम निकलते हैं।।

यही है ज़िद तो हथेली पे अपनी जान लिए।
अमीरे शह्र से कह दो कि हम निकलते हैं।।

कहाँ हर एक को मिलते हैं चाहने वाले।
नसीब वालों के गेसू में ख़म निकलते हैं।।

जहाँ से हमको गुज़रने में शर्म आती है।
उसी गली से कई मोहतरम निकलते हैं।।

तुम्हीं बताओ कि मैं खिलखिला के कैसे हंसूँ?
कि रोज़ ख़ानये दिल के अलम निकलते हैं।।

तुम्हारे अह्दे हुकूमत का सानिहा ये है।
कि अब तो लोग घरों से भी कम निकलते हैं।।

सँभालने नहीं आता सँभल के जाता है।
खिलौने वाला तो खुद ही बहल के जाता है।।

ये पूछिये कि गुज़रता है किस अज़ीयत से।
वो एक आँसू जो पलकों पे चल के जाता है।।

अजीब आँखें हैं हर वक़्त रोती रहती हैं।
अजीब जाम है हर वक़्त छलके जाता है।।

मैं राहे इश्क़ के हर पेचोख़म से वाक़िफ़ हूँ।
यह रास्ता मेरे घर से निकल के जाता है।।

यह वह मकामे शिफ़ा है जहाँ पे सदियों से।
उठा के लाते हैं जिसको वह चल के जाता है।।

जो देखने में ब ज़ाहिर है घर सँभाले हुए।
हमारी दुनिया है वह बे ख़बर सँभाले हुए।।

न जाने कितनी ही चोटों को सहता रहता है।
फलों का बोझ अकेला शजर सँभाले हुए।।

किसी भी शक्ल में मिट्टी को ढाल सकते हो।
कि चाक को है अभी कूज़ागर सँभाले हुए।।

किसी का बोझ उठाओ तो जान जाओगे।
ज़रा सी मिट्टी है कैसा शजर सँभाले हुए।।

चलो यह माना तसल्ली से कुछ नहीं होता।
ये नन्हे हाथ हैं मुझको मगर सँभाले हुए।।

अँधेरा होते ही घबरा के छुप गया सूरज।
मगर यह जुगनू खड़ा है सिपर सँभाले हुए।।

बादशाहों को सिखाया है क़लन्दर होना।
आप आसान समझते हैं मुनव्वर होना।।

एक आँसू भी हुकूमत के लिए ख़तरा है।
तुमने देखा नहीं आँखों का समन्दर होना।।

सिर्फ़ बच्चों की मुहब्बत ने क़दम रोक लिए।
वर्ना आसान था मेरे लिए बे घर होना।।

हमको मालूम है शोहरत की बलन्दी हमने।
क़ब्र की मिट्टी का देखा है बराबर होना।।

इसको क़िस्मत की ख़राबी ही कहा जाएगा।
आपका शह्र में आना मेरा बाहर होना।।

सोचता हूँ तो कहानी की तरह लगता है।
रास्ते से मेरा तकना तेरा छत पर होना।।

मुझको क़िस्मत ही पहुँचने नहीं देती वर्ना।
एक एजाज़ है उस दर का गदागर होना।।

सिर्फ़ तारीख़ बताने के लिए ज़िन्दा हूँ।
अब मेरा घर में भी होना है कलेंडर होना।।

इक कम पढ़े लिखे का क़लम हो के रह गयी।
यह ज़िन्दगी भी गूँगे का ग़म हो के रह गयी।।

सहरा में चीख़ते रहे कुछ भी नहीं हुआ।
मिट्टी की तरह रेत भी नम हो के रह गयी।।

कश्कोल में छुपी थी अना भी फ़क़ीर की।
यह बे ज़बान सिक्कों में ज़म हो के रह गयी।।

इक वक़्त की पढ़ी कभी दो वक़्त के पढ़ी।
यादे खुदा भी यादे सनम हो के रह गयी।।

वह ज़िन्दगी कि जिस पे बड़ा नाज़ था कभी।
कमज़ोर आदमी की क़सम हो के रह गयी।।

फिर बच गयी है आज यह दीवारे आरज़ू।
सजदे में जाने वाली थी ख़म हो के रह गयी।।

थकन को ओढ़ के बिस्तर में जा के लेट गये।
हम अपनी क़ब्रे मुकर्रर में जा के लेट गये।।

तमाम उम्र हम इक दूसरे से लड़ते रहे।
मगर मरे तो बराबर में जा के लेट गये।।

हमारी तश्ना नसीबी का हाल मत पूछो।
वो प्यास थी कि समन्दर में जा के लेट गये।।

न जाने कैसी थकन थी कभी नहीं उतरी।
चले जो घर से तो दफ़्तर में जा के लेट गये।।

ये बेवकूफ़ उन्हें मौत से डराते हैं।
जो ख़ुद ही सायए ख़ंजर में जा के लेट गये।।

तमाम उम्र जो निकले न थे हवेली से।
वह एक गुम्बदे बे दर में जा के लेट गये।।

सजाए फिरते थे झूठी अना जो चेहरों पर।
वो लोग क़स्रे सिकन्दर में जा के लेट गये।।

सज़ा हमारी भी काटी है बाल बच्चों ने।
उदास हम हुए वो घर में जा के लेट गये।।

सुनो हँसी के लिए गुदगुदाना पड़ता है।
चराग़ जलता नहीं है जलाना पड़ता है।।

क़लन्दरी भी तो हिस्सा है बादशाही का।
जनाब! बीच में लेकिन ख़ज़ाना पड़ता है।।

मिलेगी मिट्टी से इक दिन हमारी मिट्टी भी।
अभी ज़मीन पे क्या क्या बिछाना पड़ता है।।

मुशायरा भी तमाशा मदार शाह का है।
यहाँ हर एक को करतब दिखाना पड़ता है।।

ये कौन कहता है इंकार करना मुश्किल है।
मगर ज़मीर को थोड़ा जगाना पड़ता है।।

चलो चलें किसी सहरा में घर बनाते हैं।
कि बच्चे कापी पे जैसे शजर बनाते हैं।।

ये ज़िन्दगी तो अकेले गुज़र नहीं सकती।
चलो किसी को शरीके सफ़र बनाते हैं।।

बड़े अजीब हैं बालू पे खेलने वाले।
ये उँगलियों से सिपाही के सर बनाते हैं।।

लिखा के लाये हैं हम बे घरी मुक़द्दर में।
इसीलिए तो तसव्वुर में घर बनाते हैं।।

तमाम अह्ले सियासत बनामे चारागरी।
नशे में रख के हमें बेख़बर बनाते हैं।।

यहाँ क़याम की मुद्दत है मुख़्तसर लेकिन।
अजीब शौक़ है सब लोग घर बनाते हैं।।

मुख़्तसर होते हुए भी ज़िन्दगी बढ़ जायेगी।
माँ की आँखें चूम लीजे रौशनी बढ़ जायेगी।।

मौत का आना तो तय है मौत आयेगी मगर।
आप के आने से थोड़ी ज़िन्दगी बढ़ जायेगी।।

इतनी चाहत से न देखा कीजिए महफ़िल में आप।
शहूर वालों से हमारी दुश्मनी बढ़ जायेगी।।

आपके हँसने से ख़तरा और भी बढ़ जायेगा।
इस तरह तो और आँखों की नमी बढ़ जायेगी।।

बेवफ़ाई खेल का हिस्सा है जाने दे उसे।
तज़किरा उससे न कर शर्मिन्दगी बढ़ जायेगी।।

किसी की ज़िद में नहीं शौक़िया बनाते हैं।
हम आज से तुझे जुगनू! दिया बनाते हैं।।

हम ऐसे ऐसे फ़क़ीरों के साथ बैठे हैं।
जो ख़ाक छू के उसे कीमिया बनाते हैं।।

लिपटने लगता है कोई रदीफ़ की सूरत।
हम अपने आपको जब क़ाफ़िया बनाते हैं।।

यही हुनर, यही पेशा, यही ज़रूरत भी।
सो हम फ़क़ीर, मियाँ! बोरिया बनाते हैं।।

यह ख़ुश्क पत्ते बताते हैं हाले दिल उनको।
इसीलिए तो इन्हें डाकिया बनाते हैं।।

मैं मुर्दा क़ौम की इस रहबरी से बाज़ आता हूँ।
ये उम्मत है तो मैं पैग़म्बरी से बाज़ आता हूँ।।

ये आँखें सिर्फ़ रोने के लिए तूने नहीं दी हैं।
मैं रोज़ोशब की इस नौहागरी से बाज़ आता हूँ।।

मुझे इक दिन ख़ुदा के सामने भी मुँह दिखाना है।
अमीरे शहर तेरी नौकरी से बाज़ आता हूँ।।

ये पलकें टूटी बिखरी किर्चियाँ कब तक उठायेंगी।
मैं शहरे संग में शीशागरी से बाज़ आता हूँ।।

अगर देखे हुए हर ख़्वाब की ताबीर ऐसी है।
तो मैं ख़्वाबों की इस सौदागरी से बाज़ आता हूँ।।

रफ़ू का काम मुझ जैसे से हरगिज़ हो नहीं सकता।
मैं दर्दे दिल तेरी चारागरी से बाज़ आता हूँ।।

यह एहसासे निदामत मेरे बच्चों में न आ जाए।
मुझे घर चाहिए मैं बेघरी से बाज़ आता हूँ।।

मैं इसके नाज़ उठाता हूँ सो यह ऐसा नहीं करती।
यह मिट्टी मेरे हाथों को कभी मैला नहीं करती।।

खिलौनों की दुकानों की तरफ़ से आप क्यों गुज़रे।
ये बच्चे की तमन्ना है यह समझौता नहीं करती।।

शहीदों की ज़मीं है जिसको हिन्दुस्तान कहते हैं।
ये बंजर हो के भी बुज़दिल कभी पैदा नहीं करती।।

मोहब्बत क्या है दिल के सामने मजबूर हो जाना।
जुलेख़ा वर्ना यूसुफ़ का कभी सौदा नहीं करती।।

गुनहगारों की सफ़ में रख दिया मुझको ज़रूरत ने।
मैं ना महरम हूँ लेकिन मुझसे ये पर्दा नहीं करती।।

अजब दुनिया है तितली के परों को नोच लेती है।
अजब तितली है पर नुचने पे भी रोया नहीं करती।।

आये हो तो इक मोहूरे गदागर भी लगा दो।
इस चाँद से माथे पे ये झूमर भी लगा दो।।

अजदाद की ख़ुशबू मुझे जाने नहीं देगी।
इस पेड़ के नीचे मेरा बिस्तरा भी लगा दो।।

मुमकिन है मेरे बाद की नस्लें मुझे ढूंढें।
बुनियाद में इक नाम का पत्थर भी लगा दो।।

इस जंग में हारे हुए कहलाओगे तुम ही।
चाहो तो नुमाइश में मेरा सर भी लगा दो।।

यह बाज़ी तो मैं हाथ से जाने नहीं दूँगा।
तुम दाँव पे इस बार मुक़द्दर भी लगा दो।।

मेरे दिल से रहबरी का शौक़ कम होने लगा।
हर सियासी आदमी जब मोहतरम होने लगा।।

झूठ के मसनद नशीं होने का यह अंजाम है।
जिसने सच बोला उसी का सर क़लम होने लगा।।

तेरी चाहत ने कुछ ऐसे दिल पे क़ब्ज़ा कर लिया।
अब बिछड़ने के तसव्वुर से भी ग़म होने लगा।।

इस कहानी को यहीं पर छोड़ देना चाहिए।
आँसुवों से आपका दामन भी नम होने लगा।।

ख़ाक में मिल जाएगी इज़्ज़त फ़क़ीरे शहर की।
सर अगर मेरा भी दरबारों में ख़म होने लगा।।

दुनिया के दिखाने को अना ओढ़े हुए है।
जो शख़्स दोशाला भी मेरा ओढ़े हुए है।।

क़िस्मत की लकीरों का पता कैसे चलेगा।
तेरी यह हथेली तो हिना ओढ़े हुए है।।

इस शख़्स ने च्यूँटी भी नहीं मारी है अब तक।
यह सिर्फ़ मुरव्वत में सज़ा ओढ़े हुए है।।

अब आगे जो अल्लाह की मर्ज़ी है वो होगा।
बीमारी अभी तक तो दवा ओढ़े हुए है।।

बे गौरो कफ़न लाश कहीं होगी यक़ीनन।
क्यों धूल की चादर ये हवा ओढ़े हुए है।।

छू सकती नहीं मौत भी आसानी से इसको।
ये बच्चा अभी माँ की दुआ ओढ़े हुए है।।

हर तरह के मौसम से गुज़रती भी यही है।
यह शाख़ जो फूलों की क़बा ओढ़े हुए है।।

अल्लाह ने चाहा तो यह महफ़ूज़ रहेगा।
यह शहर बुज़ुर्गों की दुआ ओढ़े हुए है।।

ख़ुश ख़ुश दिखाई देता हूँ बीमार मैं भी हूँ।
अकसर यह सोचता हूँ अदाकार मैं भी हूँ।।

करता रहा हूँ अपने मसाएल से रोज़ जंग।
छोटे से इक क़बीले का सरदार मैं भी हूँ।।

मैं जुगनुओं की दिन में हिफ़ाज़त न कर सका।
इतना तो रौशनी का गुनहगार मैं भी हूँ।।

मिट्टी की मूरतें ये बड़ी हो रही हैं अब।
मौला तेरे करम का तलबगार मैं भी हूँ।।

तिनके की यूँ तो कोई हक़ीक़त नहीं मगर।
इक डूबते हुए का मददगार मैं भी हूँ।।

दरिया में मत बहाओ कि इस मुल्क में अभी।
दो गज़ ज़मीन का तो ज़मींदार मैं भी हूँ।।

ये शह्‌रे रौशनी है यहाँ से निकल चलो।
मिट्टी का इक दिया हूँ सो बेकार मैं भी हूँ।।

थोड़ी बहुत बुज़ुर्गों की पूँजी है मेरे पास।
थोड़ा बहुत तो साहिबे किरदार मैं भी हूँ।।

दीवानगी पे आये तो सहरा भी कम पड़ा।
लेकिन हवस को सोने का गहना भी कम पड़ा।।

तुम हम सफ़र थे इस लिए रस्ता भी कम पड़ा।
मंज़िल भी आ गयी मुझे चलना भी कम पड़ा।।

वह जा रहा था रिश्तों की ज़ंजीर काट कर।
इस बार उसके जाने पे रोना भी कम पड़ा।।

मैं दिल से बादशाह था शायद इसीलिए।
दरबार में फ़क़ीर को झुकना भी कम पड़ा।।

कल तक दिखाई देता था घर भी बड़ा हमें।
तुम थे तो अब के शहर में जाड़ा भी कम पड़ा।।

क़िस्सा किसी तरह भी मुकम्मल न हो सका।
दिल रो रहा था आँखों में जल थल न हो सका।।

तू जा रहा था और मुझे कुछ नहीं हुआ।
मैं तेरे ग़मकदे में भी पागल न हो सका।।

वीरानियाँ न जाएँगी घर की तेरे बग़ैर।
जंगल बग़ैर क़ैस के जंगल न हो सका।।

यह दुख तो क़ब्र में भी मेरे साथ जाएगा।
मैं उसकी आँख का कभी काजल न हो सका।।

लिपटे रहे हैं साँप बदन से मेरे तमाम।
मैं इसके बावजूद भी संदल न हो सका।।

पचपन बरस की उम्र तो होने को आ गयी।
लेकिन वो चेहरा आँखों से ओझल न हो सका।।

मैं मुश्किलों में रह के भी साबित क़दम रहा।
वह बादिया हूँ जो कभी मख़मल न हो सका।।

जिसके पर टूट चुके हैं वो परिन्दा हूँ मैं।
आप अगर अच्छा समझते हैं तो अच्छा हूँ मैं।।

कम से कम ख़्वाब में आने का ही वादा कर ले।
उससे कहना कि कई रातों का जागा हूँ मैं।।

इतनी वीराना पसन्दी भी बुरी होती है।
तेरे होते हुए महफ़िल में अकेला हूँ मैं।।

साँस लेने का अमल आज तलक जारी है।
ज़िन्दा रहना इसे कहते हैं तो ज़िन्दा हूँ मैं।।

तेरे होते हुए बीमार बड़ा हूँ कब से।
तू किया करता था दावा कि मसीहा हूँ मैं।।

यह सर बुलन्द होते ही शाने के कट गया।
मैं मोहतरम हुआ तो ज़माने से कट गया।।

माँ आज मुझको छोड़ के गाँव चली गयी।
मैं आज अपने आइना ख़ाने के कट गया।।

जूड़े की शान बढ़ गयी महफ़िल महक उठी।
लेकिन ये फूल अपने घराने से कट गया।।

ऐ आँसुवो! तुम्हारी ज़रूरत है अब मुझे।
कुछ मैल तो बदन का नहाने से कट गया।।

इस पेड़ से किसी को शिकायत न थी मगर।
यह पेड़ सिर्फ़ बीच में आने से कट गया।।

वर्ना वही उजाड़ हवेली थी ज़िन्दगी।
तुम आ गये तो वक़्त ठिकाने से कट गया।।

उसकी आँखों में मुरव्वत का ये सुर्मा रह जाये।।
मेरे अल्लाह यही एक जज़ीरा रह जाये।।

अपनी क़िस्मत भी है इक ऐसे मुसाफ़िर जैसी।।
जिसको सब छोड़ के चल देते हों तन्हा रह जाये।।

सल्तनत भी नहीं अच्छी है अगर दोस्त न हो।।
कुछ दिनों आ के मेरे पास सुदामा रह जाये।।

मैंने देखा है यतीमों को दुआयें करते।।
कम से कम चाँद न डूबे यही मामा रह जाये।।

नींद से बढ़ के नहीं कोई भी दौलत लेकिन।
उससे भी पूछिये जो रेल में सोता रह जाये।।

आपकी याद मुझे देख के पहचान तो ले।
कम से कम इतना तो कमरे में उजाला रह जाये।।

उनसे अब और मरासिम तो नहीं बढ़ सकते।।
दरमियाँ है जो तअल्लुक़ वही ज़िन्दा रह जाये।।

जाते जाते हमें इतनी तो नसीहत कर जायें।।
हम रुकें शहर में या शहर से हिजरत कर जायें।।

हम भी घर लौट के जाते हुए बच्चों की तरह।।
ज़िन्दगी, क्यों न यहाँ थोड़ी शरारत कर जायें।।

उम्र भर दूसरा कोई तुम्हें अच्छा न लगे।
कम से कम इतनी तो हम तुमसे मुहब्बत कर जायें।।

चश्मे साक़ी की तवज्जोह के तलबगार हैं सब।
आप जाते हुए इस पानी को शर्बत कर जायें।।

हम तेरी बज़्म में आयें तो ख़मोशी ओढ़े।
और जब जाने लगें शोरे क़यामत कर जायें।।

अभी एहसासे गुलामी नहीं निकला दिल से।
आप कुछ रोज़ यहाँ और हुकूमत कर जायें।।

कुछ भी हो जाये फ़क़ीरों से न उलझे ये कभी।
शाहज़ादे को बस इतनी सी वसीयत कर जायें।।

उसकी इज़्ज़त ही नहीं जाँ के भी लाले पड़ जायें।
जिसके पीछे भी तेरे चाहने वाले पड़ जायें।।

फिर जगह कौन सी बचती है हमारी ख़ातिर।
मस्जिदों में भी अगर ख़ौफ़ से ताले पड़ जायें।।

यह हवस बारहा बाज़ार में ले आयी है।
ऐ शिकम! तुझ में भी दो चार निवाले पड़ जायें।।

मैं जहाँ रहता हूँ पत्थर भी नहीं रह सकते।
आप कुछ देर ठहर जायें तो काले पड़ जायें।।

चारागर जिस्म के छालों की दवा देता है।
अब ये क़िस्मत है अगर रूह में छाले पड़ जायें।।

बादशाहत की हवस दिल से चली जाती है।
आपको महँगे न मिट्टी के पियाले पड़ जायें।।

बे गुनाही मेरा ईमान है तुझ पर लेकिन।
कहीं इंसाफ़ की आँखों में न ताले पड़ जायें।।

मैं हूँ अगर चराग़ तो जल जाना चाहिए।
मैं पेड़ हूँ तो पेड़ को फल जाना चाहिए।।

रिश्ते को क्यों उठाये कोई बोझ की तरह।
अब उसकी ज़िन्दगी से निकल जाना चाहिए।।

जब दोस्ती भी फूँक के रखने लगे क़दम।
फिर दुश्मनी तुझे भी सँभल जाना चाहिए।।

मेहमान अपनी मर्ज़ी से जाते नहीं कभी।
तुमको मेरे ख़याल से कल जाना चाहिए।।

नौटंकी बन गया हो जहाँ पर मुशायरा।
ऐसी जगह सुनाने ग़ज़ल जाना चाहिए।।

इस घर को अब हमारी ज़रूरत नहीं रही।
अब आफ़ताबे उम्र को ढल जाना चाहिए।।

महफ़िल में इस दिये का बदल होना चाहिए।
मैं कह रहा हूँ इस पे अमल होना चाहिए।।

तालाब में भी मिस्ले कंवल होना चाहिए।
मेरी ग़ज़ल को मेरी ग़ज़ल होना चाहिए।।

बस अफ़सरों के होते रहेंगे तबादले।
सरकार में भी रद्दो बदल होना चाहिए।।

यह मसअला बड़ा है मगर इसके बावजूद।
इसको भी जीते जी मेरे, हल होना चाहिए।।

उड़ना बहुत ज़रूरी है मौसम कोई भी हो।
इन बाज़ुवों को थोड़ा सा शल होना चाहिए।।

जन्नत तो हम बना नहीं सकते इसे मगर।
दुनिया को मिस्ले ताजमहल होना चाहिए।।

शबगुज़ारी के लिए कोई कहानी मिल जाये।
सर्द मौसम में कहीं आग पुरानी मिल जाये।।

इक जगह पानी का रुकना भी बुरा होता है।
मेरे अल्लाह! इन अश्कों को रवानी मिल जाये।।

हमने दरिया की तमन्ना नहीं की है मौला।
हमको जब प्यास सताये हमें पानी मिल जाये।।

यह दुआ माँगने वालों में हूँ मैं भी शामिल।
मेरे अल्लाह! मुझे फिर से जवानी मिल जाये।।

धूप के नाज़ उठाते हुए मुद्दत गुज़री।
कम से कम सहरा में इक रात सुहानी मिल जाये।।

मुद्दतों पहले जो डूबी थी वो पूँजी मिल गयी।
जो कभी दरिया में फेंकी थी वो नेकी मिल गयी।।

कितनी आसानी से इस ज़िल्लत से छुट्टी मिल गई।
ज़िन्दगी महँगी पड़ी थी मौत सस्ती मिल गयी।।

ज़िन्दगी तुझ से वफ़ादारी का यह ईनाम है।
झुर्रियाँ चेहरों को बालों को सफ़ेदी मिल गयी।।

कोई अब तन्क़ीद करता है तो करने दे उसे।
बे ज़मीरी देख! मुझको लाल बत्ती मिल गयी।।

यह अमीरे शहर के दरबार का क़ानून है।
जिसने सजदा कर लिया तोहफ़े में कुर्सी मिल गयी।।

मैं इसी मिट्टी से उट्ठा था बगोले की तरह।
और फिर इक दिन इसी मिट्टी में मिट्टी मिल गयी।।

मैं इसे ईनाम समझूँ या सज़ा का नाम दूँ।
उँगलियाँ कटते ही तोहफ़े में अँगूठी मिल गयी।।

खुदकुशी करने पे आमादा थी नाकामी मेरी।
फिर मुझे दीवार पर चढ़ती यह च्यूँटी मिल गयी।।

फिर किसी ने लक्ष्मी देवी को ठोकर मार दी।
आज कूड़े दान में फिर एक बच्ची मिल गयी।।

अब अपनी अना से मुझे डर लगने लगा है।
सहरा में न जाने कहाँ सर लगने लगा है।।

आगे का सफ़र सिर्फ़ मेरी रूह करेगी।
अब जिस्म भी सामाने सफ़र लगने लगा है।।

लगता है कि दहलीज़ पे आ पहुँची क़यामत।
इक भाई को इक भाई से डर लगने लगा है।।

वैसे तो कोई चीज़ नहीं बदली है लेकिन।
तुम जब से गये हो मुझे डर लगने लगा है।।

ऐ सहरा नवर्दी मुझे आबादी से ले चल।
कुछ रोज़ से ज़िन्दाँ मुझे घर लगने लगा है।।

इनको नहीं मालूम कि घर होते हैं कैसे।
इन बच्चों को फुट पाथ ही घर लगने लगा है।।

परिन्दो! आओ चल कर वो ठिकाना देख लेते हैं।
कहाँ पर होगा अगला आबो दाना देख लेते हैं।।

ये बच्चों जैसी भोली फ़ाख़तायें हैं इन्हें छोड़ो।
चलो जंगल में चलते हैं निशाना देख लेते हैं।।

अमीरे शहर तेरे साथ अपनी निभ नहीं सकती।
अभी तक हम बराबर का घराना देख लेते हैं।।

उन्हें अन्धा न कहना सिर्फ़ आँखें बन्द हैं उनकी।
वो बन्द आँखों से ही सारा ज़माना देख लेते हैं।।

हमें खोई हुई अपनी हथेली याद आती है।
अभी तक जब कोई हम कारख़ाना देख लेते हैं।।

एक खुश रंग से वादे की तरह ओढ़ लिया।
आज मैंने उसे रिश्ते की तरह ओढ़ लिया।।

ऐ अमीरी तुझे मालूम नहीं है शायद।
भूख ने मिट्टी को मेदे की तरह ओढ़ लिया।।

यह गगन चुम्बी इमारत थी ज़मीं ने जिसको।
ज़लज़ला आते ही मलबे की तरह ओढ़ लिया।।

दूसरा कोई भी ज़ेवर उसे अच्छा न लगा।
सिर्फ़ यादों को दोपट्टे की तरह ओढ़ लिया।।

शब के सन्नाटे में खुन्की का जब एहसास हुआ।
तेरी यादों को दोशाले की तरह ओढ़ लिया।।

मुझको किसी भी हाल में तन्हा न छोड़ता।
मैं उड़ना चाहता भी तो पिंजड़ा न छोड़ता।।

उसकी तरफ़ से कोई इशारा नहीं मिला।
चुपचाप वर्ना मैं कभी दुनिया न छोड़ता।।

इन आँसुवों ने लिखने से इंकार कर दिया।
वर्ना कोई वरक़ भी मैं सादा न छोड़ता।।

तू मुझसे जान बूझ के आगे निकल गयी।
वर्ना मैं ज़िन्दगी तेरा पीछा न छोड़ता।।

मैं चाहता नहीं था शिकारी को मारना।
ऐसे मगर शिकारी भी चिड़िया न छोड़ता।।

ज़िन्दगी चाहे तू कितना ही बहाना कर ले।
जब तुझे जाना है इक दिन तो ठिकाना कर ले।।

जिस घड़ी मौत को आना है वो आ जाती है।
घर को कितना ही कोई असलहा ख़ाना कर ले।।

अब ये चेहरे की उदासी तो नहीं जा सकती।
घर को घर रहने दे या आइना ख़ाना कर ले।।

इक सदी चाहिए तकमीले मोहब्बत के लिए।
मुख़्तसर कितना भी कोई ये फ़साना कर ले।।

हाले दिल पूछने वालों से जो बचना है तुझे।
जिस तरफ़ दिल है उधर अपना सिरहाना कर ले।।

मुझको जैसे भी हो इस क़ैदे अज़ीयत से निकाल।
या मुझे छोड़ दे या अपना दिवाना कर ले।।

देखना फिर मेरे उतरे हुए चेहरे की तरफ़।
पहले तू क़ाफ़िलये इश्क़ रवाना कर ले।।

यूँ ही सहरा नहीं छुटता किसी दीवाने से।
इंतिज़ार और अभी मेरा ज़माना कर ले।।

तेरे पैरों में पड़ी होगी ये दुनिया इक दिन।
ग़म की पूँजी को बढ़ा और ख़ज़ाना कर ले।।

उदास रहने को अच्छा नहीं बताता है।
कोई भी ज़हर को मीठा नहीं बताता है।।

जो जानकार हैं मिट्टी से जान लेते हैं।
शजर किसी से भी शजरा नहीं बताता है।।

कल अपने आपको देखा था माँ की आँखों में।
ये आइना हमें बूढ़ा नहीं बताता है।।

मोहब्बतों में ज़रूरी है बे वफ़ाई भी।
मगर इसे कोई अच्छा नहीं बताता है।।

अमीरे शहर से पूछो कि उसने क्या सोचा।
फ़क़ीर अपना इरादा नहीं बताता है।।

लिपट के देखिये इक रोज़ अपने दुश्मन से।
यह तजरुबा कोई अपना नहीं बताता है।।

लिपट के रोने दे कुछ देर इस हवेली से।
मैं लौट आऊँगा दरिया नहीं बताता है।।

मनाने के लिए माँ बीच रस्ते में चली आयी।
ये ज़िल्लत भी मेरे बेटों के हिस्से में चली आयी।।

नतीजा देखिये मेहमान से आँखें चुराने का।
हमारे घर की लज़्ज़त उठ के ढाबे में चली आयी।।

मैं चारागर तेरी अपनाइयत की क़द्र करता हूँ।
यहाँ तक जिन्दगी तेरे भरोसे में चली आयी।।

लड़कपन का ज़माना किस क़दर मासूम होता है।
यह चिड़िया गाते गाते मेरे कमरे में चली आयी।।

मोहब्बत एक पाकीज़ा अमल है इसलिए शायद।
सिमट के शर्म सारी एक बोसे में चली आयी।।

ये नक़ली मुस्कुराहट की दुकानें किसने खोली हैं।
ये बीमारी कहाँ से मेरे क़स्बे में चली आयी।।

मोहाजिर हैं मगर हम एक दुनिया छोड़ आये हैं।
तुम्हारे पास जितना है हम उतना छोड़ आये हैं।।

खुले मैदान में सोये थे जब तू याद आया था।
कि हम आँगन में अपने पेड़ बूढ़ा छोड़ आये हैं।।

जिसे ज़िद करके हमने अपने बचपन में ख़रीदा था।
यहाँ आते हुए हम वह खिलौना छोड़ आये हैं।।

अभी तक प्यास की शिद्दत में हमको याद आता है।
कि आँगन में कुवाँ पानी का मीठा छोड़ आये हैं।।

कहानी का यह हिस्सा आज तक सबसे छुपाया है।
कि हम मिट्टी की ख़ातिर अपना सोना छोड़ आये हैं।।

अभी तक नींद आँखों से लड़ाई करती रहती है।
कि हम ख़्वाबों को अपने क्यों अधूरा छोड़ आये हैं।।

हमें यह बात बतलाते हुए भी शर्म आती है।
कि हम मरते हुए लोगों को तन्हा छोड़ आये हैं।।

कई आँखें अभी तक यह शिकायत करती रहती हैं।
कि हम बहते हुए काजल का दरिया छोड़ आये हैं।।

किसी से हम तक़ाबुल तो नहीं करते हैं हाँ लेकिन।
हम अपने घर में सब लोगों को सोता छोड़ आये हैं।।

वज़ारत भी हमारे वास्ते कम मर्तबा होगी।
हम अपनी माँ के हाथों में निवाला छोड़ आये हैं।।

अगर लिखने पे आ जायें सियाही ख़त्म हो जाये।
कि तेरे पास आये हैं तो क्या क्या छोड़ आये हैं।।

इक ज़ख़्मी परिन्दे की तरह जाल में हम हैं।
ऐ इश्क़ अभी तक तेरे जंजाल में हम हैं।।

माँ ख़्वाब में आकर यह बता जाती है हर रोज़।
बोसीदा सी ओढ़ी हुई इस शाल में हम हैं।।

हँसते हुए होंटों ने भरम रक्खा हमारा।
वह देखने आया था कि किस हाल में हम हैं।।

अब आपकी मर्ज़ी है सँभालें न सँभालें।
ख़ुश्बू की तरह आप के रूमाल में हम हैं।।

हम फूट के रोने लगे जब मौत के डर से।
नेकी ने कहा, नामये आमाल में हम हैं।।

हम थक के कहीं बैठने वाले नहीं हर्गिज़।
इस हिरनी की लंगड़ाती हुई चाल में हम हैं।।

इक ख़्वाब की सूरत ही सही याद है अब तक।
माँ कहती थी ले ओढ़ ले इस शाल में हम हैं।।

ज़रूरतें मुझे सादात जैसी लगती हैं।
यह मदरसों की मुनाजात जैसी लगती हैं।।

हज़ारों जुल्म के क़िस्से दबे हुए हैं यहाँ।
हवेलियाँ भी हवालात जैसी लगती हैं।।

हमारे अह्द के बच्चों की देख भाल भी अब।
सियासी लोगों की ख़िदमात जैसी लगती हैं।।

मैं ग़ौर करता हूँ अकसर तो आरज़ूयें भी।
अमीरे शह्र के बाग़ात जैसी लगती हैं।।

अजीब होता है लहजा सियासी लोगों का।
तसल्लियाँ भी सवालात जैसी लगती हैं।।

इक लुत्फ़े ख़ास दिल को तेरी आरज़ू में है।
अल्लाह जाने कितनी कशिश लखनऊ में है।।

मिलता है रोज़ आँखों में आँसू लिए हुए।
जब देखिये तो लगता है काफ़िर वज़ू में है।।

इक दिन हमारे साथ कड़ी धूप से गुज़र।
बादे सबा में कुछ भी नहीं है जो लू में है।।

मौक़ा जिसे भी मिलता है पीता ज़रूर है।
शायद बहुत मिठास हमारे लहू में है।।

फिर उँगलियों से ख़ून टपकता है उम्र भर।
टाँकों में क्या हुनर है हुनर तो रफ़ू में है।।

लहजे से एहतियात की चादर हटाइये।
वह आप में कहाँ है मज़ा जितना तू में है।।

क़लन्दर संगे मरमर के मकानों में नहीं मिलता।
मैं असली घी हूँ बनियों की दुकानों में नहीं मिलता।।

तो फिर दुनिया में मेरे चाहने वाले कहाँ होते।
ये अच्छा शेर है ये कारख़ानों में नहीं मिलता।।

सगी बहनों का रिश्ता है जो उर्दू और हिन्दी में।
कहीं दुनिया की दो ज़िन्दा ज़बानों में नहीं मिलता।।

पराये ग़म में अपने आपको बर्बाद कर लेना।
यह जज़्बा अच्छे अच्छे ख़ानदानों में नहीं मिलता।।

परिन्दे शाम होते ही फ़ज़ा से लौट आते हैं।
ज़मीं पर जो सुकूँ है आसमानों में नहीं मिलता।।

यही बोयें यही जोतें यही सींचें यही काटें।
तो फिर ख़ुशहाल कोई क्यों किसानों में नहीं मिलता।।

अगर थोड़े से भी इंसाफ़ परवर लोग हो जाते।
तो कोई बे क़ुसूर इन क़ैदख़ानों में नहीं मिलता।।

ब ज़ाहिर ख़ूब चाँदी कट रही है।
मगर नीचे से मिट्टी कट रही है।।

मोहब्बत में यही होता है प्यारे।
बजाये फल के उँगली कट रही है।।

बिछड़ कर मुझ से वह भी खुश नहीं है।
मगर अपनी भी अच्छी कट रही है।।

बड़े शहरों की क़िस्मत में लिखा है।
यहाँ हर फ़स्ल कच्ची कट रही है।।

वहाँ क़ैंची से दफ़ती काटते हैं।
यहाँ दफ़ती से क़ैची कट रही है।।

मुबारक हो नये सूबों पे क़ब्ज़ा।
मगर सरकार दिल्ली कट रही है।।

बिछड़ते वक़्त वो लिपटा था मुझसे।
उसी कम्बल में सर्दी कट रही है।।

इक कोने में इज़्ज़त मेरी लाचार खड़ी है।
दरवाज़े पे लेकिन मेरे इक कार खड़ी है।।

बैसाखी पे इस मुल्क की सरकार खड़ी है।
कलमे के सहारे पे ये दीवार खड़ी है।।

मैं ताज किसी और को ख़ुद सौंप रहा हूँ।
चुप चाप मेरी फ़ौजे वफ़ादार खड़ी है।।

हैरत से फटी पड़ती हैं हर शख़्स की आँखें।
मरते हुए इंसान की तलवार खड़ी है।।

यह वक़्ते जुदाई भी अजब होता है, दुनिया।
आँखों में लिए हसरते दीदार खड़ी है।।

टूटी हुई कश्ती ही पहुँच जाती है उस पार।
मज़बूत जो कश्ती थी इसी पार खड़ी है।।

झील के पानी पे इक शाख़ से शर्बत लिखना।
मैंने कुछ बच्चों से सीखा है मोहब्बत लिखना।।

सारे हक़दारों से इंसाफ़ बहुत मुश्किल है।
लोग आसान समझते हैं वसीयत लिखना।।

एक इक लफ़्ज़ सलीक़े से किताबे दिल पर।
जानती है बहुत अच्छी तरह औरत लिखना।।

फूल से बच्चों को खुद भी नहीं मालूम कि कौन।
आ के चुपचाप सिखा जाता है नफ़रत लिखना।।

सिर्फ़ इतनी सी गुज़ारिश है फ़रिश्तो! तुम से।
मुझको अल्लाह के महबूब की उम्मत लिखना।।

मुस्कुराते हुए इक फूल ने कलियों से कहा।
तितलियाँ सीख गयीं बोसों से चाहत लिखना।।

साँसों की हक़ीक़त को ही जब जान लिया जाये।
फिर ऐसे में क्या तेरा अब एहसान लिया जाये।।

दिल मेरा उदासी का मज़ा भूल गया है।
बाज़ार से चल मीर का दीवान लिया जाये।।

चेहरे से तो पहचाने न कोई हमें लेकिन।
आवाज़ से शायद हमें पहचान लिया जाये।।

यह फ़ौज की भर्ती है तो फिर सोचना कैसा।
हिन्दू नहीं मिलता तो मुसलमान लिया जाये।।

मेरी भी कोई बात सुनी जाये किसी रोज़।
मेरा भी किसी रोज़ कहा मान लिया जाये।।

नफ़रत तो हमेशा से हुकूमत में रही है।
इस बार मोहब्बत का कहा मान लिया जाये।।

महबूब को महबूब ही रहने दिया हमने।
यह कोई ज़रूरी है ख़ुदा मान लिया जाये।।

झूठ से दोस्ती करने में हुनर जाता है।
और सच्चाई बयाँ करते ही सर जाता है।।

अश्क आँखों में छुपाये हुए घर जाता है।
रोज़ इक बच्चा मेरे सामने मर जाता है।।

इन खिलौनों की दुकानों को हटाया जाये।
मुझ में मौजूद जो बच्चा है वो डर जाता है।।

मुझको हँसते हुए इस दुनिया से रुख़्सत कीजे।
कोई रोता है भला जब कोई घर जाता है।।

ऐ ज़रूरत मुझे कुछ देर तो सो लेने दे।
शाम के वक़्त तो दरिया भी ठहर जाता है।।

आप मज़दूर के चेहरे पे न तन्क़ीद करें।
धूप में फूल का चेहरा भी उतर जाता है।।

सोचते सोचते यह उम्र चली जाती है।
देखते देखते हर आदमी मर जाता है।।

कैसी आँखें हैं उगल देती हैं सारे आँसू।
कैसा दरिया है कि दो बूँद में भर जाता है।।

मुझे मंजूर है मेरे लिए सय्याद रखियेगा।
मगर कुछ रोज़ तक पहले मुझे आज़ाद रखियेगा।।

कहीं ऐसा न हो रुसवाई हो जाये ज़माने में।
मोहब्बत पर्दादारी चाहती है याद रखियेगा।।

बड़ी मुद्दत पे वीरानी ने छोड़ा है कहीं पीछा।
अब इस बस्ती को चाहे जैसे हो आबाद रखियेगा।।

खुशी के फूल आँगन में यूँ ही हँसते रहें मौला।
अगर औलाद दी है साहिबे औलाद रखियेगा।।

यक़ीनन इस जुदाई पर मुझे अफ़सोस तो होगा।
मगर इस बेवफ़ाई को हमेशा याद रखियेगा।।

मुनव्वर ने बुजुर्गों की हमेशा ख़िदमतें की हैं।
अगर उसकी तरह बनना है तो उस्ताद रखियेगा।।

मैं थके हारे हुए एक सिपाही की तरह।
लखनऊ में हूँ मगर ढलती दसहरी की तरह।।

एक हंगामा सा रहता है हमारे दिल में।
वह भी दिल्ली की तरह, मीर की दिल्ली की तरह।।

ज़िन्दगी अपनी भी गुज़री है इसी दरिया में।
कभी घड़ियाल की सूरत कभी मछली की तरह।।

कम से कम इतनी इजाज़त मुझे मौसम दे दे।
चूम लूँ फूल को मैं भी किसी तितली की तरह।।

शहर से दूर मुज़ाफ़ात में रहता हूँ मैं।
एक उजड़ी हुई वीरान हवेली की तरह।।

हमने देखे हैं फ़सादात में पीले चेहरे।
हू-ब-हू उबले हुए अण्डे की ज़र्दी की तरह।।

हम फ़क़ीरों की दुआवों में असर है शायद।
लोग ले जाते हैं तालाब की मिट्टी की तरह।।

कम से कम पेड़ की सूरत मुझे रहने दीजे।
मैं नहीं चाहता रहना किसी झाड़ी की तरह।।

इतनी आसानी से जंगल नहीं जाने देता।
पाँव से साँप लिपट जाते हैं रस्सी की तरह।।

आख़िरी उम्र में कैसे मैं ग़मों को छोड़ूँ।
यह मेरे साथ रहे हैं सगे भाई की तरह।।

तेरे बख़्शे हुए ज़ख़्मों को सँभाले रखना।
ज़िन्दगी भर किसी कमज़ोर की गाली की तरह।।

उधर का रुख़ नहीं करते जो रस्ता छोड़ देते हैं।
जो कमरा छोड़ देते हैं वो कमरा छोड़ देते हैं।।

तुम्हें भी नींद सी आने लगी है थक गये हम भी।
चलो हम आज यह क़िस्सा अधूरा छोड़ देते हैं।।

गुज़र जाता है मौसम और पत्थर तक नहीं आते।
इसी ग़म में बहुत से पेड़ फलना छोड़ देते हैं।।

सियासत में जब आये हैं तो यह भी कर लिया जाये।
बनामे अम्न हम भी इक परिन्दा छोड़ देते हैं।।

वह रखना चाहते हैं कुछ ताल्लुक़ गाँव से अपने।
जो अपने घर के कुछ हिस्से को कच्चा छोड़ देते हैं।।

मोहब्बत के लिए थोड़ी सी रुसवाई ज़रूरी है।
शकर के डर से बुज़दिल लोग मीठा छोड़ देते हैं।।

मोहब्बत में अगर है शर्त थोड़ा बे वफ़ा होना।
तो हम भी ज़िन्दगी फिर तेरा पीछा छोड़ देते हैं।।

सियासत बाँधती है पाँव में जब मज़हबी घुँघरू।
मेरे जैसे तो फिर घर से निकलना छोड़ देते हैं।।

अगर मन्दिर तुम्हारा है अगर मस्जिद हमारी है।
तो फिर हम आज से यह अपना दावा छोड़ देते हैं।।

ये नफ़रत में बुझे तीरों से हमको डर नहीं लगता।
अगर तू प्यार से कह दे तो दुनिया छोड़ देते हैं।।

दोहरा रहा हूँ बात पुरानी कही हुई।
तस्वीर तेरे घर में थी मेरी लगी हुई।।

इन बद नसीब आँखों ने देखी है बार बार।
दीवार में ग़रीब की ख़्वाहिश चुनी हुई।।

ताज़ा ग़ज़ल ज़रूरी है महफ़िल के वास्ते।
सुनता नहीं है कोई दोबारा सुनी हुई।।

मुद्दत से कोई दूसरा रहता है हम नहीं।
दरवाज़े पर हमारी है तख़्ती लगी हुई।।

जब तक है डोर हाथ में तब तक का खेल है।
देखी तो होंगी तुमने पतंगें कटी हुई।।

जिसकी जुदाई ने मुझे शायर बना दिया।
पढ़ता हूँ मैं ग़ज़ल भी उसी की लिखी हुई।।

लगता है जैसे घर में नहीं हूँ मैं क़ैद हूँ।
मिलती हैं रोटियाँ भी जहाँ पर गिनी हुई।।

साँसों के आने जाने पे चलता है कारोबार।
छूता नहीं है कोई भी हांडी जली हुई।।

यह ज़ख़्म का निशान है जायेगा देर से।
छुटती नहीं है जल्दी से मेंहदी लगी हुई।।

शोले तो बुझ चुके हैं लपक बरक़रार है।
उस बे वफ़ा में अब भी ठसक बरक़रार है।।

यह सल्तनत मिली है फ़कीरों से इस लिए।
लहजे में, गुफ़्तुगू में लचक बरक़रार है।।

हालाँकि उम्र ने उसे बिल्कुल बुझा दिया।
आवाज़ में मगर वह मड़क बरक़रार है।।

इस ज़ख़्म को भरे हुए मुद्दत तो हो गई।
लेकिन क़सम ख़ुदा की कसक बरक़रार है।।

मुद्दत से उसने पाँव ज़मीं पर नहीं धरे।
पाज़ेब में अभी भी झनक बरक़रार है।।

वह आइने के सामने जाता नहीं कभी।
अच्छा है उसमें थोड़ी झिझक बरक़रार है।।

लहजे को मेरे आज भी पहचानते हैं लोग।
ऐवाने शायरी में धमक बरक़रार है।।

हमने इसी ज़मीन में पुरखों को बो दिया।
लेकिन हमारे भाई का शक बरक़रार है।।

हम देवता भी कहने लगे इसके बावजूद।
पत्थर का ज़ुल्म आज तलक बरक़रार है।।

कितनी हुकूमतें यहाँ आकर चली गयीं।
लेकिन यह शेरशाही सड़क बरक़रार है।।

मिट्टी, मिज़ाज, लोग, सभी कुछ बदल गया।
लेकिन अभी वफ़ा में महक बरक़रार है।।

इक रोज़ ऐसा कर कि छुरी रख के देख ले।
मेरी रगों में तेरा नमक बरक़रार है।।

यह भूल जा कि साथ मेरे कितनी फ़ौज है।
यह देख मुझ में कितनी चमक बरक़रार है।।

हर शेर पर है मोहूरे मुनव्वर लगी हुई।
हर इक ग़ज़ल में मेरी मड़क बरक़रार है।।

मेरी पूँजी से उन्हें सूद की बू आती है।
हर मुसलमान से दाऊद की बू आती है।।

शहर से गाँव चले आने में नुक़सान हुआ।
दोपहर होते ही अमरूद की बू आती है।।

वह गुलिस्तानों की तक़दीर लिखा करते हैं।
जिनको हर फूल से बारूद की बू आती है।।

तेरे बख़्शे हुए ज़ख़्मों को छुपाता हूँ मगर।
कभी अंबर की, कभी ऊद की बू आती है।।

ख़ूब रोते हैं मेरे ग़म में सियासत वाले।
सोचता हूँ तो उछल कूद की बू आती है।।

क्यों मुझे ख़ौफ़ से तू देख रही है दुनिया।
क्या मेरे पास से बारूद की बू आती है।।

बे ख़याली में किसी रोज़ गले से लग जा।
तू कहेगा कि मुझे ऊद की बू आती है।।

मेरे अन्दर छुपे दारा को भी देखो इक दिन।
बस तुम्हें अज़हरो मसऊद की बू आती है।।

मुझको अब क़ैदे मुसलसल से निकल आने दो।
मैं कँवल हूँ मुझे दलदल से निकल आने दो।।

कुछ भी हो जंग के आदाब हुआ करते हैं।
कम से कम बच्चों को मक़तल से निकल आने दो।।

मुस्तक़िल हमसे अँधेरा नहीं देखा जाता।
चाँद को आज तो बादल से निकल आने दो।।

तुमने जब शहर को जंगल में बदल डाला है।
फिर तो अब क़ैस को जंगल से निकल आने दो।।

यह ज़ुल्म सबके सामने मज़लूम पर हुआ।
उर्दू का इक रिसाला भी रीवाल्वर हुआ।।

जितने भी घर जले हैं तेरे हुक्म पर जले।
जो भी सितम हुआ है तेरे नाम पर हुआ।।

शाख़ों पे उनकी फूल बता कैसे आयेंगे।
जिन औरतों के सामने इनकाउंटर हुआ।।

काँपेंगे फिर उक़ाब भी दहशत से एक दिन।
यह फ़ाख़्ता का बच्चा भी जिस दिन निडर हुआ।।

लाया गया है मुझको अबाया के साथ में।
मुंसिफ़ के सामने भी मेरा टार्चर हुआ।।

हम जानवर को काट के क़स्साब हो गये।
इंसान जिसने काट दिये डाक्टर हुआ।।

मुठभेड़ कह रही है हुकूमत तो मान लो।
गोया कि आदमी नहीं मैं पोस्टर हुआ।।

कोई सुबूत और नहीं चाहिए उन्हें।
उर्दू अफ़ीम हो गयी ख़त पाउडर हुआ।।

मेरी ग़ज़ल कहाँ है? मेरा मरसिया है यह।
जिसने भी सुन लिया वह पसीने से तर हुआ।।

काले कपड़े नहीं पहने हैं तो इतना कर ले।
इक ज़रा देर को कमरे में अँधेरा कर ले।।

अब मुझे पार उतर जाने दे ऐसा कर ले।
वर्ना जो आये समझ में तेरी दरिया! कर ले।।

ख़ुद ब ख़ुद रास्ता दे देगा ये तूफ़ान मुझे।
तुझको पाने का अगर दिल ये इरादा कर ले।।

आज का काम तुझे आज ही करना होगा।
कल जो करना है तो फिर आज तक़ाज़ा कर ले।।

अब बड़े लोगों से अच्छाई की उम्मीद न कर।
कैसे मुमकिन है करेला कोई मीठा कर ले।।

गर कभी रोना ही पड़ जाये तो इतना रोना।
आ के बरसात तेरे सामने तौबा कर ले।।

मुद्दतों बाद वह आयेगा हमारे घर में।
फिर से ऐ दिल किसी उम्मीद को ज़िन्दा कर ले।।

हम सफ़र लैला भी होगी मैं तभी जाऊँगा।
मुझ पे जितने भी सितम करने हों सहरा कर ले।।

भुला पाना बहुत मुश्किल है सब कुछ याद रहता है।
मोहब्बत करने वाला इसलिए बर्बाद रहता है।।

अगर सोने के पिंजड़े में भी रहता है तो क़ैदी है।
परिन्दा तो वही होता है जो आज़ाद रहता है।।

चमन में घूमने फिरने के कुछ आदाब होते हैं।
उधर हर्गिज़ नहीं जाना उधर सय्याद रहता है।।

लिपट जाती है सारे रास्तों की याद बचपन में।
जिधर से भी गुज़रता हूँ मैं रस्ता याद रहता है।।

हमें भी अपने अच्छे दिन अभी तक याद हैं राना।
हर इक इंसान को अपना ज़माना याद रहता है।।

छोड़ कर तुझको न जायेंगे दिवाने हम से।
चाहे जैसी भी क़सम ले ले ज़माने हम से।।

ज़िन्दगी हमने तेरे वास्ते दुख झेले हैं।
ढूँढती क्यों है बिछड़ने के बहाने हम से।।

तूने देखा है फ़क़ीरी का यह एजाज़ कभी।
मुँह छुपाये हुए फिरते हैं ख़ज़ाने हम से।।

जितने बिखरे हुए काग़ज़ हैं वो यकजा कर ले।
रात चुपके से कहा आ के हवा ने हम से।।

अब ये तन्हाई हमें भी नहीं जीने देगी।
सब बिछड़ने लगे अहबाब पुराने हम से।।

रुख़ बादबाने ग़म का बदल देना चाहिए।
क़िस्मत का हुक्म मान के चल देना चाहिए।।

बोली लगाने लगते हैं लकड़ी फ़रोश लोग।
मैं पेड़ हूँ तो पेड़ को फल देना चाहिए।।

जब कोई रोने वाला ही ज़िन्दा नहीं रहा।
ऐ साँप तुझको ज़हर उगल देना चाहिए।।

मौजूदगी में आपकी रस चूसती हैं ये।
सरकार तितलियों को मसल देना चाहिए।।

दुनिया जब इक सराय है फिर क्यों यहाँ रुकें।
अब मुझको इस सराय से चल देना चाहिए।।

ये बुत जो हमने दोबारा बना के रक्खा है।
इसी ने हमको तमाशा बना के रक्खा है।।

वो किस तरह हमें ईनाम से नवाज़ेगा।
वो जिसने हाथों को कासा बना के रक्खा है।।

यहाँ पे कोई बचाने तुम्हें न आयेगा।
समन्दरों ने जज़ीरा बना के रक्खा है।।

तमाम उम्र का हासिल है यह हुनर मेरा।
कि मैंने शीशे को हीरा बना के रक्खा है।।

किसे किसे अभी सजदा गुज़ार होना है।
अमीरे शहर ने खाता बना के रक्खा है।।

मैं बच गया तो यक़ीनन ये मोजिज़ा होगा।
सभी ने मुझको निशाना बना के रक्खा है।।

कोई बता दे यह सूरज को जा के, हमने भी।
शजर को धूप में छाता बना के रक्खा है।।

आँगन में जो चिड़िया गाती रहती है।
दुनिया से वह दुख को छुपाती रहती है।।

मैं दुनिया के तार मिलाता रहता हूँ।
दुनिया मेरा फ्यूज़ उड़ाती रहती है।।

पहरा देना सरहद पर आसान नहीं।
बंदूक़ों की ज़द पर छाती रहती है।।

साये का इक वक़्त मुकर्रर होता है।
धूप का क्या है आती जाती रहती है।।

मर्दों का बर्ताव बदलता रहता है।
औरत सारी उम्र दिहाती रहती है।।

इतनी भर पूर ज़मानत कोई कम देती है।
चैन से सोता हूँ माँ पढ़ती है दम देती है।।

इक मोहब्बत से कई सरहदें खुल जाती हैं।
और नफ़रत कई मुल्कों को जनम देती है।।

हम कि माँ कहते हैं जिसको, इन्हीं हाथों से उसे।
बेच देते हैं अगर दूध वो कम देती है।।

मुफ़लिसी चाहे तो इक दिन में महल बन जाये।
इसके अन्दर की अना इसको क़सम देती है।।

तेरे इन महलों को मज़दूर जला डालेंगे।
भूक हाथों में बग़ावत का अलम देती है।।

एक इक क़तरा मेरे दूध का वापस करना।
जंग पर जाते हुए माँ ये क़सम देती है।।

ग़ौर करना कभी फुर्सत में मोहब्बत क्या है।
तीर ले लेती है हाथों से क़लम देती है।।

ज़िन्दगी ने तो रुलाया है हमें क़िस्तों में।
मौत अच्छी है कि तकलीफ़ तो कम देती है।।

अना हवस की दुकानों में आ के बैठ गयी।
अजीब मैना है शिकरों में आ के बैठ गयी।।

जगा रहा है ज़माना मगर नहीं खुलतीं।
कहाँ की नींद इन आँखों में आ के बैठ गयी।।

वह फाख़्ता जो मुझे देखते ही उड़ती थी।
बड़े सलीक़े से बच्चों में आ के बैठ गयी।।

तमाम तल्ख़ियाँ साग़र में रक़्स करने लगीं।
तमाम गर्द किताबों में आ के बैठ गयी।।

तमाम शह्र में मौजूए गुफ़्तगू है यही।
कि शाहज़ादी गुलामों में आ के बैठ गयी।।

नहीं थी दूसरी कोई जगह भी छुपने की।
हमारी उम्र खिलौनों में आ के बैठ गयी।।

उठो कि ओस की बूँदें जगा रही हैं तुम्हें।
चलो कि धूप दरीचों में आ के बैठ गयी।।

चली थी देखने सूरज की बद मिज़ाजी को।
मगर ये ओस भी फूलों में आ के बैठ गयी।।

तुझे मैं कैसे बताऊँ कि शाम होते ही।
उदासी कमरे के ताक़ों में आ के बैठ गयी।

अब न कोड़ों से मेरी लाश को मारा जाये।
ऐ सियासत मुझे सूली से उतारा जाये।।

सबके सब कानों में जब तेल दिये बैठे हों।
ऐसे हालात में फिर किसको पुकारा जाये।।

आइना ख़ाने में बैठे हो न जाने कब से।
तुम तो कहते थे चलो मुल्क सँवारा जाये।।

जब कि मिल जाता है अब शह्द भी वैसा वाला।
क्या ज़रूरी है उसे ज़ह्र से मारा जाये।।

शेर बन जाती है जब जान पे बन आती है।
इस तरह घेर के बिल्ली को न मारा जाये।।

मुस्तक़िल मौत लगी रहती है पीछे पीछे।
जाने किस वक़्त कहाँ पर किसे मारा जाये।।

मेरे होते हुए कश्ती तो नहीं डूबेगी।
अब अगर जाता है ऐसे में किनारा जाये।।

मेरे चेहरे की चमक तेरी बदौलत होती।
कम से कम इतनी तो अच्छी मेरी क़िस्मत होती।।

जितना लिक्खा है उसी ने हमें इ़ज़्ज़त दे दी।
जो न लिख पाये वो लिखते तो क़यामत होती।।

माँ के पैरों तले जन्नत है तो फिर मेरे ख़ुदा।
मुझको सजदे की भी जन्नत में इजाज़त होती।।

चाहने वालों को ऐसे नहीं छोड़ा जाता।
कम से कम ख़्वाब में आते जो मुहब्बत होती।।

सारे मज़लूमों को इंसाफ़ जहाँ मिल सकता।
काश इस मुल्क में इक ऐसी अदालत होती।।

बे वफ़ाई का सबब कुछ भी रहा हो लेकिन।
तुम मेरे सामने पड़ते तो निदामत होती।।

कौन समझाये ये तन्क़ीद के शहज़ादों को।
माँ पे हम शेर न कहते तो ये शोहरत होती?

कुछ बुरे लोग न होते जो ज़मीं पर पैदा।
फिर ये दुनिया नहीं होती यही जन्नत होती।।

जुदा रहता हूँ मैं तुझसे तो दिल बेताब रहता है।
चमन से दूर रह के फूल कब शादाब रहता है।।

अँधेरे और उजाले की कहानी सिर्फ़ इतनी है।
जहाँ महबूब रहता है वहीं महताब रहता है।।

मुक़द्दर में लिखा कर लाये हैं हम बोरिया लेकिन।
तसव्वुर में हमेशा रेशमो कमख़्वाब रहता है।।

हज़ारों बस्तियाँ आ जायेंगी तूफ़ान की ज़द में।
मेरी आँखों में अब आँसू नहीं सैलाब रहता है।।

भले लगते हैं स्कूलों की यूनीफ़ार्म में बच्चे।
कँवल के फूल से जैसे भरा तालाब रहता है।।

ये बाज़ारे हवस है तुम यहाँ कैसे चले आये।
ये सोने की दुकानें हैं यहाँ तेज़ाब रहता है।।

हमारी हर परेशानी इन्हीं लोगों के दम से है।
हमारे साथ यह जो हल्क़ये अहबाब रहता है।।

बड़ी मुश्किल से आते हैं समझ में लखनऊ वाले।
दिलों में फ़ासले लब पर मगर आदाब रहता है।।

काम आयेगी कभी यही ठोकर लगी हुई।
तस्वीर थी मेरी तेरे घर पर लगी हुई।।

मैं ज़िन्दगी की रेस भला कैसे हारता।
पूँजी थी ख़ानदान की मुझ पर लगी हुई।।

मौजें खिला रही थीं मुझे अपनी गोद में।
मिट्टी छुड़ा रहा था समन्दर, लगी हुई।।

सरगोशियों में करती रही तेरी गुफ़्तगू।
खिड़की से रात शाख़े सनोबर लगी हुई।।

अव्वल तो मुद्दतों मुझे मिलता नहीं है वह।
मिलता है जब तो होती है अक्सर लगी हुई।।

लगती नहीं है मुझको मुसीबत की तेज़ धूप।
छतरी है इक दुआवों की सर पर लगी हुई।।

इतने बरस के बाद ये क़ातिल को क्या हुआ।
मक़तूल पर है तोहमते ख़ंजर लगी हुई।।

फिर यह हुआ कि हार गया ज़िन्दगी से वह।
पीछे थी उसके मौत बराबर लगी हुई।।

इक दूसरे के घर को जलाते हैं आप हम।
फिर क्यों बुझाये आग समन्दर, लगी हुई।।

सोने के लोग बैठे थे घर में बहुत उदास।
चाँदी की एक प्लेट थी बाहर लगी हुई।।

शाख़ें पहुँच रही हैं अब उसकी, पड़ोस में।
बेले की इक क़लम थी जो अन्दर लगी हुई।।

--

मेरी गज़ल में मेरी मड़क बरक़रार है।
हर शेर पर है मोह्रे मुनव्वर लगी हुई।।

मैं अपने आपको बीमार करना चाहता हूँ।
सो इस चराग़ का दीदार करना चाहता हूँ।।

हमारे बीच में पर्दा बहुत ज़रूरी है।
तकल्लुफ़ात को दीवार करना चाहता हूँ।।

भटक रहा हूँ अकेला अना के जंगल में।
अब इस इलाक़े को मैं पार करना चाहता हूँ।।

हवायें खेलती रहती हैं मेरी पगड़ी से।
मैं अब दुआवों को दस्तार करना चाहता हूँ।।

सियासत किस हुनरमन्दी से सच्चाई छुपाती है।
कि जैसे सिसकियों के ज़ख़्म शहनाई छुपाती है।।

जो इसकी तह में जाता है तो फिर वापस नहीं आता।
नदी हर तैरने वाले से गहराई छुपाती है।।

ये बच्ची चाहती है और कुछ दिन माँ को खुश रखना।
ये कपड़ों की मदद से अपनी लम्बाई छुपाती है।।

अभी तक हौसला बाक़ी है इस टूटे हुए दिल में।
अभी तक आँसुवों की फ़ौज पसपाई छुपाती है।।

हमारा हर हुनर गुमनामियों में डूब जाता है।
तुम्हारे सारे ऐबों को पज़ीराई छुपाती है।।

बैठे बिठाये हाले दिले ज़ार खुल गया।
मैं आज उसके सामने बेकार खुल गया।।

मिट्टी में क्यों मिलाते हो मेहनत रफ़ूगरो।
अब तो लिबासे जिस्म का हर तार खुल गया।।

दुश्वार काम था तेरे ग़म को समेटना।
मैं खुद को बाँधने में कई बार खुल गया।।

ख़ुद्दारियाँ कनीज़ की सूरत खड़ी मिलीं।
सजदा गुज़ार खुश हैं कि दरबार खुल गया।।

कासे की हर दुकान पे लोगों की भीड़ थी।
है कौन कितना शहर में खुददार खुल गया।।

लिपटी हुई थी जिससे तेरी आरज़ू की बेल।
दीवारे दिल से रात वही तार खुल गया।।

'उर्दू बचाओ मोर्चा' कुछ तब्सिरा करे।
रद्दी फ़रोश खुश हैं कि अख़बार खुल गया।।

गुलाब रंग को तेरे कपास होना पड़े।
न इतना हँस कि तुझे देवदास होना पड़े।।

अगर इन आँखों को जाना है तो मेरे मौला।
मैं उसको देख लूँ फिर सूरदास होना पड़े।।

ये आरज़ू है कि गुज़रे जिधर से वह चाहे।
हमारी पलकों को रस्ते की घास होना पड़े।।

मैं चाहता हूँ कि फिर से वह दिन पलट आयें।
कि माँ के चुल्लू को मेरा गिलास होना पड़े।।

हमारे साथ भी इंसाफ़ कीजिए मौला।
कभी कभी तो उसे भी उदास होना पड़े।।

ये मोड़ वह है जहाँ ख़ुदकुशी भी जायज़ है।
मेरी अना को अगर बे लिबास होना पड़े।।

उसे पता तो चले कर्बे तश्नगी क्या है।
ख़ुदा करे उसे सहरा की प्यास होना पड़े।।

ये हिज्र का रस्ता है ढलानें नहीं होतीं।
सहरा में चराग़ों की दुकानें नहीं होतीं।।

ख़ुशबू का ये झोंका अभी आया है उधर से।
किसने कहा सहरा में अज़ानें नहीं होतीं।।

क्या मरते हुए लोग ये इन्सान नहीं हैं।
क्या हँसते हुए फूलों में जानें नहीं होतीं।।

अब कोई ग़ज़ल चेहरा दिखाई नहीं देता।
अब शहर में अबरू की कमानें नहीं होतीं।।

इन पर किसी मौसम का असर क्यों नहीं होता।
रद क्यों तेरी यादों की उड़ानें नहीं होतीं।।

यह शेर है छुप कर कभी हमला नहीं करता।
मैदानी इलाकों में मचानें नहीं होतीं।।

कुछ बात थी जो लब नहीं खुलते थे हमारे।
तुम समझे थे गूँगों के ज़बानें नहीं होतीं।।

तसव्वुर में सही लेकिन मैं गुलदस्ता बनाता हूँ।
सज़ायें दीजिए मैं आपका चेहरा बनाता हूँ।।

दलित औरत की सूरत फिर रही है सारी दुनिया में।
तुझे ऐ मुफ़लिसी मैं आज से अपना बनाता हूँ।।

न जन्नत मैंने देखी है न जन्नत की तवक़्क़ो है।
मगर मैं ख़्वाब में इस मुल्क का नक़्शा बनाता हूँ।।

मुझे अपनी वफ़ादारी पे कोई शक नहीं होता।
मैं ख़ूने दिल मिला देता हूँ जब झण्डा बनाता हूँ।।

मेरी तामीर के क़िस्से कहीं लिक्खे न जायेंगे।
मैं जंगल से गुज़रने के लिए रस्ता बनाता हूँ।।

बिछड़ कर भी जुड़े रहने का यह अच्छा तरीक़ा है।
वह इक गुड्डा बनाती है मैं इक गुड़िया बनाता हूँ।।

अगर अच्छा सा कोई नाम सोचो तो बता देना।
मैं अपने ख़्वाब की कतरन से इक चेहरा बनाता हूँ।।

मेरे माज़ी की किरनें जब भी मुझको चुभने लगती हैं।
मैं मिट्टी गूँधता हूँ और इक चूल्हा बनाता हूँ।।

मसर्रत का कोई प्याला न मेरे चाक से उतरा।
कभी लक्ष्मी बनाता हूँ कभी दुर्गा बनाता हूँ।।

मेरी अना का क़द ज़रा ऊँचा निकल गया।
जो भी लिबास पहना वह छोटा निकल गया।।

मैं आख़िरी गवाह चमन के दिनों का था।
तुम यह समझ रहे हो कि काँटा निकल गया।।

मैं सारी उम्र ज़ेह्न पे देता रहा हूँ ज़ोर।
लेकिन न याद आया जो चेहरा निकल गया।।

वह सुब्ह सुब्ह आये मेरा हाल पूछने।
कल रात वाला ख़्वाब तो सच्चा निकल गया।।

अब उसके दिल पे मेरी हुकूमत नहीं रही।
अब दस्तरस से यह भी इलाक़ा निकल गया।।

वह डबडबाई आँखों से देखा किये मुझे।
इस बार तो करेला भी मीठा निकल गया।।

शायद वफ़ा नहीं है हमारे नसीब में।
इस ओढ़नी का रंग भी कच्चा निकल गया।।

बच्चों के उतरे चेहरों ने अंगारे भर दिये।
वह ज़िन्दगी की जंग पे तन्हा निकल गया।।

किसी को घर मिला हिस्से में या कोई दुकाँ आयी।
मैं घर में सबसे छोटा था मेरे हिस्से में माँ आयी।।

यहाँ से जाने वाला लौट कर कोई नहीं आया।
मैं रोता रह गया लेकिन न वापस जा के माँ आयी।।

अधूरे रास्ते से लौटना अच्छा नहीं होता।
बुलाने के लिए दुनिया भी आयी तो कहाँ आयी।।

किसी को गाँव से परदेस ले जायेगी फिर शायद।
उड़ाती रेलगाड़ी ढेर सारा फिर धुवाँ आयी।।

मेरे बच्चों में सारी आदतें मौजूद हैं मेरी।
तो फिर इन बद नसीबों को न क्यों उर्दू ज़बाँ आयी।।

क़फ़स में मौसमों का कोई अन्दाज़ा नहीं होता।
ख़ुदा जाने बहार आयी चमन में या ख़िज़ाँ आयी।।

घरौंदे तो घरौंदे हैं चटानें टूट जाती हैं।
उड़ाने के लिए आँधी अगर नामोनिशाँ आयी।।

कभी ऐ खुश नसीबी मेरे घर का रुख़ भी कर लेती।
इधर पहुँची उधर पहुँची, यहाँ आयी वहाँ आयी।

किरदार पर गुनाह की कालिख लगा के हम।
दुनिया से जा रहे हैं ये दौलत कमा के हम।।

जितनी तवक़्क़ोआत ज़माने को हम से है।
उतनी तो उम्र भी नहीं लाये लिखा के हम।।

क्या जाने कब उतार पे आ जाये यह पतंग।
अब तक तो उड़ रहे हैं सहारे हवा के हम।।

फिर आँसुवों ने हमको निशाने पे रख लिया।
इक बार हँस दिये थे कभी खिलखिला के हम।।

कुछ और बढ़ गया है अँधेरा पड़ोस का।
शर्मिन्दा हो रहे हैं दिये को जला के हम।।

हम कोहकन मिज़ाजों से आगे की चीज़ हैं।
ढूँढेंगे मोतियों को समन्दर सुखा के हम।।

चारागरी की सोच से बाहर का हो गया।
छोटा सा ज़ख़्म दिल के बराबर हो गया।।

हम हाले दिल सुनाने भी जायें तो अब कहाँ।
जो शहर मोम का था वो पत्थर का हो गया।।

जो देर थी क़फ़स से निकलने की देर थी।
फिर आसमान सारा कबूतर का हो गया।।

कासे में रख गया है वो सिक्के उमीद के।
उट्ठो कि इन्तिज़ाम तो दिन भर का हो गया।।

होती है पत्थरों की भी क़िस्मत अलग अलग।
मैं रास्ते में आया था ठोकर का हो गया।।

लहजे में ख़ाकसारी का चुम्बक है इसलिए।
जो शख़्स भी मिला वो मुनव्वर का हो गया।।

ख़फ़ा होना ज़रा सी बात पर तलवार हो जाना।
मगर फिर खुद ब खुद वह आपका गुलनार हो जाना।।

किसी दिन मेरी रुसवाई का यह कारण न बन जाये।
तुम्हारा शहर से जाना मेरा बीमार हो जाना।।

वो अपना जिस्म सारा सौंप देना मेरी आँखों को।
मेरी पढ़ने की कोशिश आपका अख़बार हो जाना।।

कभी जब आँधियाँ चलती हैं हमको याद आता है।
हवा का तेज़ चलना आपका दीवार हो जाना।।

बहुत दुश्वार है मेरे लिए उसका तसव्वुर भी।
बहुत आसान है उसके लिए दुश्वार हो जाना।।

ख़फ़ा होते ही उसकी अजनबीयत जाग उठती है।
जो खुश होना तो फिर मेरे गले का हार हो जाना।।

किसी की याद आती है तो यह भी याद आता है।
कहीं चलने की ज़िद करना, मेरा तैयार हो जाना।।

कहानी का ये हिस्सा आज तक इक ख़्वाब लगता है।
तेरा सिर पर बिठा लेना मेरा दस्तार हो जाना।।

मोहब्बत इक न इक दिन यह हुनर तुमको सिखा देगी।
बग़ावत पर उतरना और ख़ुद मुख़्तार हो जाना।।

नज़र नीची किये उसका गुज़रना पास से मेरे।
ज़रा सी देर रुकना फिर सबा रफ़्तार हो जाना।।

कहीं ऐसा न हो वह कम सुख़न बदनाम हो जाये।
सुनो! अब आँसुवो! तुम भी ज़रा हुशियार हो जाना।।

बड़ी कड़वाहटें हैं इसलिए ऐसा नहीं होता।
शकर खाता चला जाता हूँ मुँह मीठा नहीं होता।।

दवा की तरह खाते जाइये गाली बुजुर्गों की।
जो अच्छे फल हैं उनका ज़ायक़ा अच्छा नहीं होता।।

हमारे शहर में ऐसे मनाज़िर रोज़ मिलते हैं।
कि सब होता है चेहरे पर मगर चेहरा नहीं होता।।

हमारी बेरुख़ी की देन है बाज़ार की ज़ीनत।
अगर हम में वफ़ा होती तो यह कोठा नहीं होता।।

न दिल राज़ी न वह राज़ी तो काहे की इबादत है।
किये जाता हूँ मैं सजदा मगर सजदा नहीं होता।।

तसव्वुर में बसा लेते हैं सच्चे चाहने वाले।
फ़क़त चेहरा छुपा लेने से तो पर्दा नहीं होता।।

दुनिया के सामने भी हम अपना कहें जिसे।
इक ऐसा दोस्त हो कि सुदामा कहें जिसे।।

चिड़िया की आँख में नहीं पुतली में जा लगे।
ऐसा निशाना हो कि निशाना कहें जिसे।।

दुनिया उठाने आये मगर हम नहीं उठें।
सजदा भी हो तो ऐसा कि सजदा कहें जिसे।।

कल तक इमारतों में था मेरा शुमार भी।
अब ऐसा हो गया हूँ कि मलबा कहें जिसे।।

तक़रीर ऐसी हो कि मुख़ालिफ़ भी दाद दे।
तहरीर ऐसी हो कि इज़ाफ़ा कहें जिसे।।

वह फूल चाहिए कि महक उसमें हो तेरी।
वह चाँद चाहिए तेरा चेहरा कहें जिसे।।

छप्पन बरस से ढूँढ़ रहा हूँ नहीं मिली।
ऐसी कोई भी छाँव कि ममता कहें जिसे।।

फिर कर्बला के बाद दिखाई नहीं दिया।
ऐसा कोई भी शख़्स कि प्यासा कहें जिसे।।

ले के चराग़ ढूँढ़ते रहिये तमाम उम्र।
ऐसा कहाँ है दूसरा राना कहें जिसे।।

फ़क़ीरों की ये कुटिया है फ़रावानी नहीं होगी।
मगर जब तक रहोगे हाँ परेशानी नहीं होगी।।

मैं अब आँगन में सो जाता हूँ कमरे में नहीं सोता।
मेरे बच्चों को अब इतनी परेशानी नहीं होगी।।

यह आँसू आपको रुसवा कभी होने नहीं देंगे।
मेरे पाले हुए हैं इनसे नादानी नहीं होगी।।

तुम अपनी याद की दौलत भी इक दिन आ के ले जाओ।
अब इतनी उम्र में हम से निगहबानी नहीं होगी।।

मुनव्वर में यक़ीनन कुछ न कुछ तो ख़ूबियाँ होंगी।
ये दुनिया यूँ ही इस पागल की दीवानी नहीं होगी।।

ऐ इश्क़ हमने तेरी इताअत में काट दी।
उससे बिछड़ के उम्र ही इद्दत में काट दी।।

कुछ देर और तैरते रहते फ़िज़ा में हम।
तूने पतंगे ग़म ज़रा उजलत में काट दी।।

आया ही था ख़याल कि आले रसूल हैं।
शह रग ही हम ने जोशे सख़ावत में काट दी।।

उस फ़ाख़ता की कूक से ज़ख़्मी हूँ आज तक।
वह फ़ाख़ता जो आपने दावत में काट दी।।

बस उतनी जिन्दगी का हमारा हिसाब हो।
वह ज़िन्दगी जो तेरी इबादत में काट दी।।

जो ज़िन्दगी गुज़रनी थी जुल्फों की छाँव में।
मैंने वह उम्र दश्ते अज़ीयत में काट दी।।

जिस तरह उसने रक्खा, रहे हम उसी तरह।
दोज़ख में काट दी कभी जन्नत में काट दी।।

चले मक़तल की जानिब और छाती खोल दी हमने।
बढ़ाने पर पतंग आये तो चर्ख़ी खोल दी हमने।।

पड़ा रहने दो अपने बोरिये पर हम फ़क़ीरों को।
फटी रह जायेंगी आँखें जो मुट्ठी खोल दी हमने।।

कहाँ तक बोझ बैसाखी का सारी ज़िन्दगी ढोयें।
उतरते ही कुंवे में आज रस्सी खोल दी हम ने।।

फ़रिश्तो! तुम कहाँ तक नामये आमाल देखोगे।
चलो यह नेकियाँ गिन लो कि गठरी खोल दी हमने।।

तुम्हारा नाम आया और हम तकने लगे रस्ता।
तुम्हारी याद आयी और खिड़की खोल दी हमने।।

पुराने हो चले थे ज़ख़्म सारे आरज़ूओं के।
कहो चारागरों से आज पट्टी खोल दी हमने।।

तुम्हारे दुख उठाये इसलिए फिरते हैं मुद्दत से।
तुम्हारे नाम आयी थी जो चिट्ठी खोल दी हमने।।

❑❑